박지원

박지원

김종광 글 백보현 그림

비룡소

박지원은 백성들이 잘 사는 방법을 연구했던 조선 시대의 실학자예요. 청나라를 여행하고 쓴 기행문 『열하일기』와 소설 「양반전」, 「허생전」 등을 쓴 작가로도 이름이 높지요.

　박지원은 1737년 이름난 양반 가문에서 태어났어요. 하지만 집안 형편은 그리 넉넉하지 못했어요. 할아버지는 높은 벼슬을 했지만 재물을 탐내지 않았고, 아버지는 벼슬을 하지 않고 학문 연구에만 열심이었거든요.

박지원은 어릴 때부터 호기심이 많고 관찰력이 뛰어났어요. 한번은 동네 아이들과 함께 근사한 집을 지었어요. 형과 함께 쓸 공부방을 만든 것이었지요. 지나가던 어른들마다 박지원이 만든 집을 보고 감탄했어요.

박지원은 집의 생김새나 도구를 다루는 모습을 지긋이 관찰하곤 했어요. 생활을 편리하게 해 줄 기술에 관심이 많았거든요.

　1752년 열여섯 살이 되던 해, 박지원은 이보천의 딸과 혼례를 올렸어요.
　박지원의 재능을 한눈에 알아본 장인 이보천은 박지원의 할아버지에게 물었어요.
　"총명한 지원을 어찌하여 깊이 가르치지 않으시는지요?"
　"글을 읽어 벼슬에 올라 봐야 내 편이니 네 편이니 싸우는 당파 싸움에 휘말리기밖에 더 하겠소."
　"그렇지 않습니다. 재주 많은 인재가 나랏일에 힘쓰도록 돕지 않는 것은 충성스럽지 못한 일입니다."

　이보천은 박지원이 재주를 살리지 못하는 것이 안타까워 직접 가르치기로 마음먹었어요.
　박지원은 하나를 가르치면 열을 깨쳤어요.
　"자네는 내가 가르치기에 벅찬 인재일세! 앞으로는 내 아우에게 배우도록 하게."
　박지원을 가르친 지 얼마 안 되어 이보천은 박지원을 아우 이양천에게 보내기로 했어요.

뛰어난 문장가인 이양천은 웬만해서는 제자를 두려 하지 않았어요.
　"자네의 재주가 어느 정도인지 보고 제자로 들일지를 결정하겠네."
　박지원은 자신이 쓴 「이충무공전」을 이양천에게 보여 주었어요. 그러자 이양천이 눈이 휘둥그레져 물었어요.
　"이 글을 정말로 자네가 썼단 말인가?"

박지원은 이양천의 제자가 되어 우리나라와 중국의 역사와 문장 짓는 법에 대해 두루 배웠어요.
　박지원은 밤잠을 아껴 책을 읽고 글을 썼어요. 구할 수 있는 책이란 책은 모두 구해서 밥알을 꼭꼭 씹어 먹듯 정성스레 읽었지요.
　박지원의 글재주는 날이 갈수록 쑥쑥 늘었어요.

그러던 어느 날, 스승 이양천이 병으로 쓰러졌어요. 박지원은 큰 슬픔에 빠졌어요.

이양천은 마지막으로 박지원을 불러 말했어요.

"조선의 문장은 조선 사람의 마음과 생각을 담아야 하네. 자네는 꼭 조선의 문장을 쓰게."

스승을 잃은 박지원은 밤낮으로 잠을 이루지 못했어요. 책을 읽어도 예전처럼 즐겁지 않았지요.

한참을 갈팡질팡하며 마음을 잡지 못하던 박지원은 갑자기 이야기를 짓기 시작했어요. 박지원이 쓴 것은 「마장전」이라는 소설이었어요. 거지 세 사람이, 양반들은 권력과 이익을 얻기 위해 서로 헐뜯고 아첨하기에 바쁘니, 남을 속여 흥정을 붙이는 말 거간꾼과 다름없다고 흉보는 이야기였지요.

스승에게 배우고 꾸준히 닦은 문장으로 소설을 쓴 그날, 박지원은 오랜만에 깊은 잠을 이루었어요.

그날 이후, 박지원은 소설 쓰는 재미에 푹 빠졌어요. 계속해서 「예덕선생전」, 「민옹전」, 「양반전」 등의 소설을 썼지요.

박지원이 쓴 소설의 주인공은 천하고 가난한 사람들이 많았어요. 떠돌이 거지, 농부, 똥 푸는 사람 등 신분이 낮은 사람들의 이야기를 통해 못난 양반을 꼬집었지요.

박지원은 백성들이 굶어 죽어 가는데도 제 욕심만 채우는 양반들을 못마땅하게 생각했어요. 그래서 익살스럽고 재치 있는 소설로 겉으로는 점잖은 체하면서 뒤로는 온갖 못된 짓을 저지르는 양반들을 따끔하게 혼낸 거예요.

박지원이 쓴 소설 중에서도 가장 유명한 「양반전」은 어느 부자 농부가 가난한 양반의 빚을 대신 갚아 주고 양반이 되는 문서를 사기로 하는 데서 시작돼요.

고을 원님은 부자에게 양반이 되면 지켜야 할 행동을 알려 주었어요.

"양반은 배가 고파도 참고, 더워도 버선을 벗지 않고, 추워도 화로에 불을 쬐면 안 되고, 손으로 돈을 쥐어서도 아니 되오."

부자가 양반이 되어 봐야 좋을 일이 없다고 볼멘소리를 하자 원님은 양반의 좋은 점을 알려 주었지요.
"양반은 이웃집 소로 자기 집 밭을 먼저 갈고, 동네 사람들을 불러 김매기를 시킬 수 있소. 말 안 듣는 자가 있으면 상투를 휘두르고 수염을 뽑아도 원망하지 못할 것이오."

원님의 말에 부자는 어처구니가 없었어요.
"그만두십시오. 저더러 도둑이 되란 말씀입니까?"
부자는 고개를 절레절레 흔들며 가 버렸어요.

조선 시대 양반들은 농사를 짓거나 장사를 하는 것은 천한 신분의 사람들만 하는 일이라고 생각했어요. 양반이 하는 일은 과거를 보아 나라의 관리가 되는 것이었지요. 그런데 과거 공부는 오래된 책을 읽고 달달 외우는 것이어서 백성들의 생활에는 아무런 도움이 되지 않았어요.

박지원은 점점 의문을 품게 되었어요.

'학문이란 백성들에게 실제로 도움이 되어야 하는 게 아닐까?'

그래서 박지원은 자신도 양반이면서 양반을 비판하는 소설을 썼어요. 양반의 생각이 바뀌어야 올바른 정치가 이루어지고, 백성들의 생활이 나아진다고 생각했기 때문이에요. 박지원은 양반들이 자신의 소설을 읽고 변화하기를 바랐어요.

박지원은 과거 시험이 백성을 위해 일할 관리를 뽑는 데 제 역할을 하지 못한다고 생각했어요. 하지만 가난한 살림을 꾸리기 위해서는 박지원도 과거 시험을 봐야 했지요.
　박지원은 가슴이 답답했지만 가족들을 생각하면서 마지못해 답을 써 내려갔어요. 답안지에 적힌 문장을 물끄러미 바라보는 박지원의 마음은 무겁기만 했어요. 주장도 의견도 없이 그저 남의 글을 흉내 낸 글이었거든요.

 '벼슬자리를 얻어 보겠다고 앵무새 같은 글을 써야 한단 말인가?'

 결국 박지원은 답안지에 늙은 소나무와 큰 바위만 그려 놓고 시험장을 나왔어요.

 박지원은 그 후로도 몇 차례 과거를 치렀지만, 늘 스스로 시험을 망치고 말았어요. '이번에는 꼭 합격해야지.' 하고 굳게 마음먹고 시험장에 들어가도 도저히 답안을 쓸 수가 없었지요.

 결국 박지원은 과거를 포기하고 선비로서 학문을 연구하고 글을 쓰면서 살기로 마음을 굳혔어요.

과거 시험을 포기한 박지원은 뜻이 맞는 벗들과 함께하는 공부에 푹 빠졌어요. 특히 박지원보다 여섯 살이 많은 벗 홍대용과 마음이 잘 맞았지요.

홍대용은 과학 기술을 중요하게 여겼어요. 특히 천문학에 관심이 많아서 지구가 하루에 한 바퀴씩 돈다는 주장을 펴기도 했지요. 훗날 홍대용은 천체의 움직임과 위치를 관측할 수 있는 기계인 혼천의와 자명종을 연구해 사람들을 놀라게 했어요.

박지원과 홍대용은 종종 밤이 깊도록 이야기꽃을 피웠어요.

"양반들은 굶기를 밥 먹듯이 해도 땀 흘려 농사를 지으려고 하지 않아요. 장사를 하거나 물건을 만들지도 않지요. 양반이라도 놀고먹어서는 안 됩니다."

"맞습니다. 또한 재능과 학식이 있다면, 농부나 장사꾼의 아들도 벼슬을 할 수 있게 해야 할 것입니다."

그러던 어느 날 홍대용이 청나라에 갈 기회를 얻었어요. 박지원은 자기 일처럼 기뻐했어요.

"형님, 청나라에 가게 되었으니 얼마나 기쁜 일입니까? 하나도 놓치지 말고 자세히 살피고 오십시오."

박지원은 책을 통해 알게 된 청나라의 새로운 문물을 직접 가서 보고 싶었어요. 하지만 벼슬을 하지 않는 박지원이 청나라에 가기란 쉽지 않았지요.

"내 다녀온 뒤 청나라에서 본 것을 빠짐없이 이야기해 주겠소."

몇 달 후, 홍대용이 청나라 여행에서 돌아왔어요. 박지원은 홍대용의 청나라 이야기에 푹 빠져서 작은 것 하나 놓치지 않고 들었지요.

당시 조선 사람들은 중국 땅을 다스리는 청나라를 오랑캐라며 업신여겼어요. 하지만 실제로는 조선이 여러 분야에서 청나라에 뒤떨어져 있었지요.

박지원은 조선의 부족함을 인정하고 청나라의 새로운 문물을 배워 나라를 넉넉하고 강하게 만들어야 한다고 생각했어요.

사람들은 박지원과 그를 따르는 젊은이들을 '북학파'라고 불렀어요. '북쪽의 청나라에서 앞선 기술을 배우자고 주장하는 사람들'이라는 뜻이었지요.

북학파는 백성들의 생활에 도움이 되는 학문인 '실학'의 뜻을 이어받았어요. 이전의 실학자들은 주로 농사짓는 기술과 농사지을 땅을 나누어 줄 방법을 연구했어요. 하지만 북학파는 상업과 공업을 발전시켜야 나라 살림이 넉넉해질 수 있다고 생각했어요. 그래서 기술이 앞선 청나라의 문물에 관심을 가진 거예요.

시간이 갈수록 박지원을 따르는 학자들은 점점 늘어났어요. 백탑(지금의 서울 탑골 공원 부근)에 자리한 박지원의 집은 선비들이 밤새도록 글을 읽고 토론하는 소리로 늘 왁자했지요.

박지원은 특히 이덕무, 유득공, 박제가, 이서구 같은 젊은 학자들과 자주 어울렸어요. 그중 이덕무, 유득공, 박제가는 서자(본부인이 아닌 여자가 낳은 자식) 신분이었어요. 서자는 아무리 학문이 높고 능력이 뛰어나도 과거 시험을 볼 자격이 없었어요. 박지원은 후배들과 제자들의 처지를 항상 안타까워했어요.

'이렇게 뛰어난 젊은이들이 단지 서자라는 이유만으로 뜻을 펼치지 못하는구나.'

박지원은 열심히 생각한 끝에 「서자에게도 벼슬길을 열어 주소서」라는 제목의 상소문(임금에게 올리는 글)을 썼어요. 박지원은 서자를 차별하는 것이 잘못인 이유를 조목조목 짚으며, 서자 중에서도 훌륭한 인재를 뽑아 쓰자고 주장했어요.

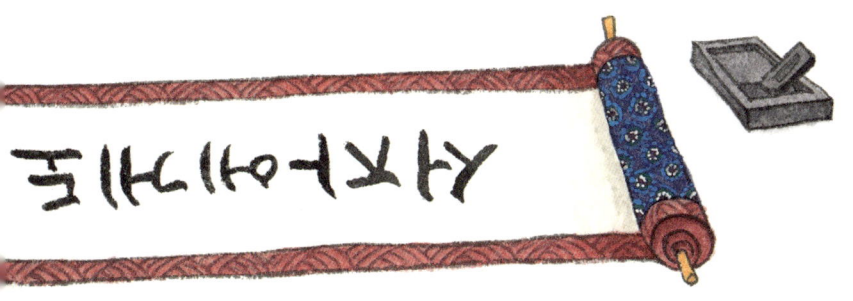

1776년에 정조가 조선의 스물두 번째 왕이 되었어요. 정조는 왕위에 오르자마자 규장각을 세우고 젊은 인재들을 모았어요. 그리고 능력은 뛰어나지만 서자이기 때문에 벼슬에 오르지 못했던 인재들을 뽑아 규장각에서 일하도록 했어요. 마침내 이덕무와 유득공, 박제가에게 나라를 위해 일할 수 있는 기회가 찾아온 거예요.

  이덕무와 유득공, 박제가는 규장각의 검서관이 되어 책을 검토하고 베껴 쓰는 일을 했어요. 세 사람은 계속해서 관리로 일하며 나랏일을 두루 돌보았지요.

이 무렵 박지원은 한성에서 멀리 떨어진 황해도 금천의 연암골로 몸을 피해 있었어요. 정조를 믿고 권력을 휘두르던 홍국영이 박지원을 눈엣가시처럼 여겼기 때문이에요.

정조는 왕이 된 후, 큰 나랏일을 홍국영에게 맡겼어요. 홍국영은 세손(왕세자의 맏아들)이던 정조를 안전하게 지켜 주고, 왕의 자리에 오를 수 있도록 도운 사람이었지요. 그만큼 정조는 홍국영에게 의지했어요.

홍국영은 자신이 쥔 권력을 굳게 다지기 위해 누이동생을 정조의 후궁으로 들이려고 했어요. 그런데 때마침 박지원이 옳지 못한 방법으로 권력을 얻으려 하는 양반을 꾸짖는 글을 썼어요. 홍국영은 박지원을 혼내 주려고 벼르게 되었지요. 결국 박지원은 홍국영의 눈을 피해 숨어 지내기로 결정했어요.

박지원이 찾아간 연암골은 제비 둥지가 많은 바위 골짜기로, 몇 년 전에 발견한 곳이었어요. 박지원은 그 골짜기가 마음에 들어서 자신의 호(본명 외에 편히 쓰는 이름)도 '연암'이라 지었지요.

연암골에 사는 동안 박지원은 손수 농사를 짓고, 과수원을 만들고, 벌을 키우고, 연못을 파서 고기를 길렀어요.
한성에서만 살아온 박지원은 연암골에 살면서 비로소 농사짓는 일이 무엇인지 알 것 같았어요.

박지원이 배를 곯며 지낸다는 소식을 들은 친구들과 후배들이 먹을 것을 짊어지고 찾아왔지만 박지원은 받지 않으려고 했어요.

"누가 그냥 준다고 했는가? 빌려주는 것이네. 자네 가족들이 며칠씩 끼니를 굶고 있지 않은가. 자네야 굶어도 괜찮다지만, 자네 식구들이 무슨 죄가 있나?"

친구들의 말에 박지원은 대꾸할 말이 없었지요.

1780년 홍국영이 권력을 잃고 쫓겨난 뒤, 박지원은 연암골 생활을 정리하고 한성으로 돌아왔어요.

얼마 후 박지원은 청나라로 가게 되었어요. 청나라 황제의 일흔 살 생일을 축하하러 가는 사절단(나라를 대표해 외국에 가는 사람들)을 따라갈 수 있게 된 거예요.

오래전부터 청나라에 직접 갈 수 있기를 바랐던 박지원은 아주 기뻤어요.
'책과 이야기로만 알던 청나라의 문물을 직접 보고 겪을 수 있겠구나. 이제 진짜 제대로 알 수 있다!'
마침내 박지원은 지금까지 쌓은 지식을 확인하고, 더 많은 것을 배우기 위해 한성을 떠났어요.

　압록강을 건너 청나라의 국경 도시에 다다른 박지원은 감탄하는 한편 큰 충격을 받았어요.
　'청나라는 변두리 도시조차 이토록 변화하구나. 벽돌집은 높이 솟아 있고, 거리에는 사람 탄 수레와 화물 실은 마차들이 즐비하다. 청나라는 이 정도로 발전했는데, 우리 조선은 어쩌면 좋단 말인가.'
　기술과 상업이 발달한 청나라를 눈으로 확인한 박지원은 어떻게 하면 우리나라를 강하고 잘사는 나라로 만들 수 있을지 고민했어요.

박지원에게 청나라 여행은 단순한 구경이 아니라 줄기차게 공부하는 과정이었어요. 박지원은 여행하는 내내 하나라도 더 보기 위해 눈을 크게 떴어요. 또 본 것에 대해서는 끊임없이 생각했지요.

하루는 박지원이 말 위에서 깜빡 조는 사이에 낙타 무리가 지나갔어요. 뒤늦게 잠에서 깬 박지원은 마부를 불러 크게 야단을 쳤어요.

"왜 나를 깨우지 않았느냐? 앞으로는 무엇이든지 처음 보는 것이 있으면, 내가 잠을 자고 있건 밥을 먹고 있건 개의치 말고 곧바로 알려라. 알겠느냐?"

한성을 떠난 지 두 달 만에, 사절단은 청나라의 수도 연경에 도착했어요. 그런데 청나라 황제는 여름을 보내러 열하의 궁전으로 가고 없었어요. 사신 일행은 부랴부랴 열하로 갔지요.

열하는 연경에서 사백여 리 떨어진 도시예요. 주변에 온천이 많아 겨울에도 물이 얼지 않는다 하여 '열하'라는 이름이 붙었지요.

사신들이 청나라 황제의 생일을 축하하는 동안 박지원은 열하를 두루 구경했어요.

박지원은 청나라의 학자들과 토론하는 데도 열심이었어요. 말은 안 통했지만, 한자로 글을 써서 대화를 나누었어요. 때로는 청나라 학자들에 맞서 역사를 날카롭게 평가하고, 옳지 못한 제도를 비판했어요. 박지원이 배우고자 한 것은 발전된 문물이지, 청나라 그 자체는 아니었거든요.

청나라 학자들은 박지원의 넓은 지식과 깊은 생각에 감탄했어요.

박지원은 청나라에서 보고 들은 모든 것을 꼼꼼히 기록했어요. 청나라의 장사꾼이나 학자들과 이야기를 나눈 종이들도 모두 모아 가져왔어요.
 이 자료들을 바탕으로 글을 쓰기 시작한 박지원은 약 삼 년 만에 『열하일기』라는 기행문을 완성했어요.

『열하일기』는 그저 청나라의 아름다운 경치나 신기한 풍습을 전하는 기행문이 아니었어요. 박지원이 평생 동안 공부하고 연구한 내용이 들어 있는 철학책이었어요. 또 우스갯소리가 가득한 이야기책이었고, 폭넓은 지식을 모아 놓은 백과사전이었지요.

『열하일기』는 모두 26권으로 이루어졌어요. 1권부터 7권에는 여행 도중 겪은 일을 날짜별로 정리했고, 8권부터 26권에는 앞에서 쓰지 못한 경험이나 생각, 학자들과 나누었던 이야기 등을 실었어요.
　『열하일기』에는 박지원이 여행길에 쓴 「허생전」과 「호질」 같은 소설도 들어 있어요. 두 편 모두 양반의 어리석음을 재미나게 꼬집는 이야기지요.
　『열하일기』를 본 사람들은 큰 충격을 받았어요. 그렇게 기이하고 재밌는 책은 모두들 처음 보았거든요.
　박지원의 집 앞에는 매일같이 『열하일기』를 빌리거나 베끼러 온 젊은이들이 길게 줄을 섰어요. 젊은이들은 『열하일기』를 베껴 쓴 다음 읽고 또 읽었어요. 박지원의 넓고 깊은 생각에 감탄했고, 자유롭고 기발한 글투에 깊이 사로잡혔지요.

당시 사람들은 글을 쓸 때, 중국의 옛사람들이 쓴 훌륭한 문장을 흉내 내어 비슷하게 썼어요. 정해진 형식에 맞춰 쓰는 문체를 '고문체'라고 하는데, 고문체로는 새로운 생각이나 느낌을 자유롭게 표현할 수가 없었어요.

그래서 박지원의 『열하일기』를 본 젊은 선비들은 독특하고도 재미나며 깊은 울림을 주는 박지원의 글투를 '연암체'라 부르며 열광했어요.

"해학과 익살이 넘치는 연암체는 조선 사람의 마음과 생각을 담고 있다!"

『열하일기』를 읽은 젊은 선비들이 박지원처럼 자유롭게 글을 쓰기 시작하면서 나라 안이 소란해졌어요. 그릇된 정치와 양반들의 잘못을 꼬집는 글들이 많아졌거든요.

　높은 벼슬자리에 있는 양반들은 젊은 선비들이 연암체를 쓰지 못하게 막으려고 나섰어요. 연암체에 담긴 자유로운 비판 정신을 두려워했기 때문이지요. 박지원도 고문체로 글을 지으라는 왕의 명령을 받았어요.

 1786년, 쉰 살의 박지원은 과거를 거치지 않고 벼슬자리에 올랐어요.

 박지원의 능력을 알아본 정조는 박지원을 토목 공사를 맡아보던 관청에서 일하게 했어요. 박지원이 가마를 짓고 튼튼한 벽돌을 구워 내어 공사에 드는 돈을 줄였어요. 정조와 관리들은 크게 감탄했지요.

1789년부터 박지원은 물가를 조절하는 관청에서 일하게 됐어요. 얼마 후 나라에 큰 흉년이 들었어요. 전국에서 상인들이 모여들어 비싸게 곡식을 팔려고 했고, 돈 많은 부자들은 곡식을 사서 쟁여 두었어요.
　곡식값은 점점 치솟았지만 박지원은 곡식값을 강제로 내리지 않았어요. 그 대신 상인들 스스로 곡식값을 낮추도록 이끌었지요. 그러자 백성들도 사재기를 멈춰 큰 문제없이 물가가 안정되었어요.

몇 년 뒤 박지원은 경상도 안의현 현감에 임명되었어요. 한 고을을 맡아서 다스리는 자리였지요.

박지원은 안의현에 내려가자마자 아전(관아의 벼슬아치 밑에서 일하는 사람)들을 불러 호통쳤어요.

"내 다 알고 있으니 너희들이 관청의 곡식을 얼마나 도적질했는지 솔직히 털어놓아라!"

남몰래 관청의 곡식을 가져다 썼던 안의현의 아전들은 깜짝 놀라 한데 모였어요.

"이전의 사또들은 백성들의 재산을 빼앗느라 바빴잖은가! 우리가 챙기든 말든 신경도 쓰지 않았지."

"이번 사또는 욕심이 없는 정직한 분이신가 보오!"

결국 아전들은 죄를 숨김없이 털어놓고 용서를 빌었어요. 박지원은 아전들에게 훔쳐 간 곡식을 갚겠다는 약속을 받고 용서해 주었어요.

안의현 백성들은 대쪽같이 올곧은 박지원을 마음속 깊이 존경하여 따랐어요.

안의현은 조그만 산골 마을이지만 땅이 기름지고 물이 맑았어요. 농사만 잘 지을 수 있으면 백성들이 배불리 먹고살 만한 곳이었지요.

박지원은 가장 먼저 저수지를 만들었어요. 벽돌을 굽고 수레와 도르래를 이용해 벽처럼 쌓아 올렸지요. 탄탄한 저수지 덕분에 물을 모아서 논밭에 댈 수 있었고, 수확량은 늘어났어요.

사 년 동안의 임기가 끝났을 때 백성들은 박지원을 기리는 비석을 세우려고 했어요. 백성을 바르고 어질게 잘 다스린 박지원의 이야기는 다른 고을까지 소문이 날 정도였지요.
 "비석을 세우는 것은 낭비로다. 비석을 세우자고 하는 자가 또 있으면 큰 벌을 주겠다!"
 박지원은 서슬 푸르게 야단치고 안의현을 떠났어요.

벼슬을 그만둔 박지원은 점점 기력을 잃었어요. 결국 1805년 10월, 박지원은 예순아홉 살의 나이로 숨을 거두었어요.

박지원은 쉰 살에 벼슬자리에 오른 뒤 약 십오 년 동안 관리로 일하면서 실학을 꾸준히 시험했어요. 그동안 연구해 온 실학으로 백성들에게 실제로 도움이 되고 싶었거든요. 실패도 여러 차례 겪었지만 그런 경험을 통해 백성들을 더 잘 살게 할 방법을 찾았어요.

박지원은 평생토록 연구하고 실천하며 알아낸 방법들을 글에 담았어요. 그래서 박지원의 소설들과 『열하일기』 같은 글들은 오늘날에도 널리 읽혀요.

♣ 사진으로 보는 박지원 이야기 ♣

박지원의 소설들

　박지원은 평생 동안 여러 종류의 글을 썼어요. 자기주장을 담은 논설문, 다른 사람이 쓴 책의 서문이나 발문, 편지글, 시, 소설 등을 남겼지요. 박지원이 쓴 글에는 조선의 속담과 새로운 표현이 들어 있어요.

　박지원의 글 중에서 특히 유명한 것은 『열하일기』와 소설들이에요. 박지원의 소설 중에서는 「양반전」과 「호질」, 「허생전」이 가장 널리 알려졌어요. 세 편 모두 자기 욕심만 채우는 양반을 꾸중하고, 물건을 만들고 파는 일을 무시하는 조선 사회를 비판하는 풍자 소설이에요.

손자 박주수가 그린 박지원의 초상화예요. 이 그림을 본 안의현 사람들은 박지원을 빼닮았다며 칭찬했다고 해요.

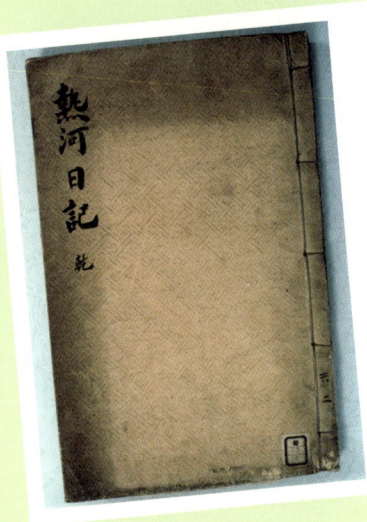

『열하일기』에는 소설 「호질」과 「허생전」도 담겨 있어요.

「호질」은 선비답지 못한 행동을 하고 달아나다 똥구덩이에 빠진 북곽 선생이 우연히 나타난 호랑이에게 꾸지람을 듣는 이야기예요. 북곽 선생이 겁을 먹고 알랑거리며 머리를 조아리는 모습에서 겉으로만 훌륭한 척하는 양반을 비꼬는 박지원의 뜻을 읽을 수 있어요.

「허생전」은 글만 읽던 가난한 선비 허생이 부자 변씨에게 빌린 일만 냥으로 장사를 해서 나라 경제를 쥐락펴락하는 이야기예요. 허생은 경기도와 충청도가 만나는 안성에서 과일을 두 배 값을 주고 사재기했다가 과일이 동이 나자 열 배의 값을 받고 되팔았어요. 허생은 장사해서 번 큰돈으로 도적 떼가 무인도에 자리 잡을 수 있게 도와줬어요. 그러고는 한성으로 돌아와 변씨에게 십만 냥을 갚지요. 「허생전」은 허생의 활약을 재미있게 펼치면서 상업이 온 나라 백성들의 생활을 좌지우지할 수 있는 중요한 일임을 일깨워요.

「양반전」을 비롯해 「마장전」 등 박지원이 젊은 시절에 쓴 짧은 소설들도 자기 욕심만 차리는 양반을 비판하는 내용이 대부분이었어요. 「마장전」은 권세와 이익을 위해 여기 붙었다 저기 붙었다

박지원의 소설 「양반전」을 재현한 전시물이에요. 강원도 정선군 아라리촌에 있어요. 부자 농부가 가난한 양반의 빚을 대신 갚아 주는 장면인 것 같죠?

하는 양반의 태도를 비판했고, 「양반전」은 당장 먹을 것이 없는데도 땀 흘려 일하지 않는 양반과 양반이기 때문에 얻을 수 있는 이익이 얼마나 이상한지를 꼬집는 소설이에요.

박지원은 양반을 꾸짖어 변화시키기 위해 소설을 썼어요. 양반이 재미나게 읽으면서 자신의 모습을 돌아볼 수 있도록 허를 찌르는 이야기를 만들었지요. 그래서 박지원이 남긴 소설들은 오늘날에도 널리 읽히며 무엇이 옳고 그른지 생각하게 해요.

『열하일기』와 중국 청나라

실학자 박지원은 청나라에 가서 새로운 문물을 직접 보고 듣고 느끼길 바랐어요. 청나라는 명나라에 이어 중국 땅을 차지한 여진족의 왕국으로, 앞선 문물을 받아들여 크게 발전하고 있었지요.

조선에서는 청나라에 중요한 일이 있을 때마다 사신을 보내곤 했어요. 1780년 청나라의 건륭제가 일흔 번째 생일을 맞게 되자 정조는 축하 사절단을 보냈어요. 축하 사절단을 이끄는 박명원은 박지원의 팔촌 형이었고, 박지원이 청나라에 함께 갈 수 있게 도와줬어요.

1780년 5월 드디어 박지원은 청나라를 향해 길을 떠났어요. 무더위와 장맛비를 겪으며 청나라 수도 연경에 도착했더니 건륭제는 열하에 여름을 보내러 가 있다는 것이었어요. 축하 사절단은 열하까지 가기 위해 닷새를 더 여행했지요. 연경과 열하는 오늘날의 중국 베이징과 청더 지역이에요. 박지원과 축하 사절단은 우리나라 사람으로는 처음으로 열하에 다녀왔다고 해요.

10월 한성으로 돌아온 뒤 박지원은 청나라를 여행한 과정을 꼼꼼히 기록하고, 여행길에서 보고 듣고

청나라의 제6대 황제인 건륭제의 초상화예요. 박지원은 건륭제의 일흔 번째 생일을 축하하는 사절단을 따라 여행길에 나섰어요.

청나라 황제들이 여름을 보내던 열하의 피서산장이에요. 열하는 온천이 많아 겨울에도 물이 얼지 않았어요.

느끼고 생각한 것들을 자세히 적어서 『열하일기』라는 책을 썼어요. 『열하일기』는 압록강을 건너는 과정을 쓴 「도강록」, 조선과 중국의 시문에 대해 논하는 「피서록」 등 26권으로 구성되어 있어요. 박지원이 연구한 실학과 청나라에 가서 본 색다른 풍물, 청나라 학자들과의 대화와 토론, 청나라의 제도와 정책에 대한 박지원의 의견, 그리고 재미난 소설까지 담겨 있지요.

박지원과 북학파

18세기 영조와 정조가 나라를 다스리던 시대에 백성들의 실제 생활에 도움이 되는 학문을 목표로 하는 실학자들이 나타났어요. 실학은 처음에 농업을 중심으로 발전했으나, 점차 상업과 공업에 관심을 갖는 실학자들이 나타났어요. 새로운 실학자들은 당시 앞서 있던 청나라의 문물을 받아들여서 나라를 살찌우고, 백성들의 삶을 보살펴야 한다고 주장했지요. 이들은 청나라를 배우자고 주장했다 하여 '북학파', 기구를 이롭게 써서 백성의 생활을 나아지게 하고자 했다 하여 '이용후생학파'라고 불렸어요.

북학파의 대표 인물로는 박지원을 비롯해 홍대용, 이덕무, 유득공, 박제가, 이서구 등이 있어요.

홍대용(1731~1783년)은 1765년 청나라에 가서 새로운 학문과 서양의 문물을 보고 북학을 하기로 결심했어요. 홍대용이 우리나라에서 처음으로 지구는 둥글고 태양을 중심으로 돈다고 주장했다는 이야기가 박지원의 『열하일기』 중 「곡정필담」에 실려 있어요. 홍대용은 직접 천체 관측 기구인 혼천의를 만들기도 했어요.

이덕무(1741~1793년)는 개성이 뚜렷한 문장으로 유명했어요. 1778년 사신의 일행이 되어 청나라를 다녀오며 수많은 책을 들여온 이덕무는 북학이 발전할 수 있는 기초를 마련했지요. 1779년 유득공, 박제가와 함께 규장각 검서관이 되어 계속해서 학문을 연구했어요.

유득공(1748~1807년)도 중국에서 앞선 문물을 받아들여 상업이나 공업 같은 산업을 발전시켜야 한다고 주장했어요. 유득공은 발해의 역사를 연구해, 『발해고』란 역사책을 쓰기도 했지요.

박제가(1750~1805년)는 1778년 이덕무와 함께 연경에 다녀온 뒤 청나라에서 보고 들은 것을 정리해서 『북학의』라는 책을 썼어요. 『북학의』에는 청나라의 풍속과 제도를 관찰한 내용과 박제가의 의견이 담겨 있어요.

이서구(1754~1825년)는 열여섯 살 때부터 박지원의 제자가 되어 학문과 문장을 배웠어요. 이서구는 박지원의 가르침을 받아 옛 문체를 그대로 따르는 데서

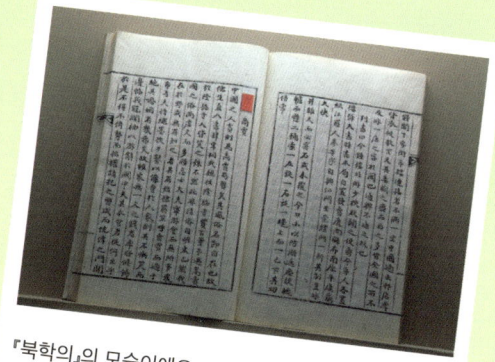

『북학의』의 모습이에요. 1778년 사신을 따라 청나라 연경에 다녀온 박제가는 청나라의 풍속과 제도에 대해 기록하고 자신의 의견을 덧붙여 이 책을 썼어요.

벗어나 그 시대의 문장을 쓰려고 했지요. 서자였던 이덕무, 유득공, 박제가와는 달리 이서구는 적자(본부인이 낳은 자식) 신분

이었기 때문에 1774년 과거에 급제한 뒤 높은 벼슬자리에 오를 수 있었어요.

연암체와 정조의 문체반정

박지원이 쓴 『열하일기』는 젊은 선비들 사이에서 크게 유행했어요. 『열하일기』의 자유로운 문체는 박지원의 호를 따서 '연암체'라 불리었지요. 얼마 후에는 과거 시험에 낸 답안지에도 자유로운 문체가 나타났어요.

이서구는 재주가 빼어난 데다 마음이 넓고 생각이 깊어 박지원이 아끼는 제자였어요. 훗날 이서구는 형조 판서와 대사헌, 우의정이라는 높은 벼슬자리에 올랐어요.

정조와 벼슬아치들은 정해진 형식에 맞춰 쓰는 '고문체'를 쓰지 않게 될까 봐 걱정했어요. 결국 정조는 어지러워진 문체를 고문체로 바르게 되돌리겠다고 '문체반정'을 선언했어요.

뒤이어 정조는 청나라에서 소설을 들여오는 일을 금지하고, 규장각 학자들에게 연암체로 쓴 글에 대해 반성문을 쓰게 하고, 앞으로는 고문체로만 글을 쓰라고 다잡았지요. 나아가 과거 시험에서 연암체로 답안을 쓰면 불합격

정조는 서자 중에서도 인재를 뽑아 규장각에서 일하게 했어요. 이 그림은 김홍도가 그린 「규장각도」예요.

시키라고 엄하게 명령했어요.

이윽고 정조는 규장각 직각 남공철을 불러다 박지원에게 편지를 써서 자신의 뜻을 전하게 했어요. 편지의 내용은 "요사이 글을 짓는 태도가 어지러워진 것은 모두 박지원의 죄다. 『열하일기』가 유행한 뒤 문체가 이렇게 변했으니 박지원이 해결할 일이로다. 박지원이 순수하고 바른 글을 한 부 지어 올려 『열하일기』로 인한 죄를 씻는다면 벼슬을 주겠다."라는 것이었어요. 박지원은 정조의 말에 뜻을 굽혀 글을 지어 바쳐서는 안 된다고 생각했어요. 그래서 새로 글을 짓는 대신에 그동안 지은 글을 몇 편 모아 올리는 것으로 대신했어요. 끝까지 자신의 소신을 지킨 것이지요.

정조는 1776년 왕위에 오르자마자 왕실 도서관이자 학문을 연구하는 기관인 규장각을 세웠어요. 창덕궁 후원의 주합루라는 누각이 규장각으로 쓰였지요.

함께 보면 쏙쏙 이해되는 역사

◆ 1737년
한성에서 태어남.

◆ 1756년경
「마장전」과 「예덕선생전」을 씀.

◆ 1757년
「민옹전」을 씀.

1730　　　　　　　　　1750

◆ 1783년
『열하일기』를 완성함.

◆ 1786년
처음으로 벼슬에 올라 선공감 감역에 임명됨.

◆ 1792년
안의현 현감에 임명됨.

◆ 1793년
정조에게 문체에 대해 지적받음.

1780　　　　　　　　　1790

● 1784년
유득공이 『발해고』를 펴냄.

◆ 박지원의 생애
● 18세기 북학파의 역사

◆ 1768년
이덕무, 유득공, 박제가, 이서구 등과 어울림.

● 1777년
연암골로 들어감.

1760　　　　　　　　**1770**

● 1765년
홍대용이 청나라에 다녀옴.

● 1778년
박제가가 『북학의』를 펴냄.

● 1779년
이덕무, 유득공, 박제가가 규장각 검서관이 되어 학문을 연구함.

◆ 1805년
세상을 떠남.

1800

추천사

「새싹 인물전」을 펴내면서

　요즈음 아이들에게 '훌륭한 사람'이 누구냐고 물으면 '돈 많이 버는 사람'이라고 대답한다고 합니다. 초등학생의 태반은 가수나 배우가 되고 싶어 하고요. 돈 많이 버는 사람이나 연예인이라는 직업이 나쁘다는 것이 아니라, 아이들이 각자가 갖고 있는 재능과는 상관없이 모두 똑같은 꿈을 갖는 것 같아 걱정입니다. 또 한편으로는 아이들이 진정 마음으로 닮고 싶은 사람에 대한 정보가 부족한 것은 아닌가 하는 생각도 듭니다.
　어릴수록 위인 이야기의 힘은 큽니다. 아직 어리고 조그마한 아이들은 자신이 보잘것없다고 생각하고 위인들의 성공에 감탄합니다. 하지만 그네들에게는 끝없이 열린 미래가 있습니다. 신화처럼 빛나는 위인들의 모습은 아이들에게 훌륭한 역할 모델이 되고, 그런 삶을 살기 위해 무엇을 어떻게 해야 할지를 알려 주는 밝은 등대가 됩니다.
　그렇다면 우리가 어른으로서 아이들에게 권해야 할 위인전은 무엇일까요? 보통 우리가 생각하는 '위인'은 훌륭한 업적을 남긴

위대한 사람, 멋지고 능력 있는 사람입니다. 하지만 시대가 변했으니 아이들이 역할 모델로 삼을 수 있는 위인의 정의나 기준도 변해야 할 것입니다.

그런 의미에서 비룡소의 「새싹 인물전」은 종래의 위인전과는 다른 점이 많습니다. 시리즈 이름이 '위인전'이 아닌 '인물전'이라는 데 주목하기 바랍니다. 「새싹 인물전」은 하늘에서 빛나는 위인을 옆자리 짝꿍의 위치로 내려놓습니다. 만화 같은 친근한 일러스트는 자칫 생소할 수 있는 옛사람들의 이야기를 일상에서 만날 수 있는 재미있는 사건처럼 보여 줍니다.

또 하나, 「새싹 인물전」에는 위인전에 단골로 등장하는 태몽이나 어린 시절의 비범한 에피소드, 위인 예정설 같은 과장이 없습니다. 사실 이런 이야기들은 현대를 사는 아이들에게는 황당하고 이해하기 힘든 일일 뿐입니다. 그보다는 천 리 길도 한 걸음부터, 큰 성공도 자잘한 일상의 인내와 성실함이 없었다면 이루어질 수 없었다는 것을 알려 주는 것이 중요합니다. 세상 사람들의 우러름을 받는 이들도 여느 아이들과 같은 시절을 겪었음을 보여 줌으로써, 아이들에게 괜한 열등감을 주지 않고 그네들의 모습을 마음속에 담을 수 있도록 해 주는 것입니다.

　덧붙여 위인전이란 그 인물이 얼마나 훌륭한 업적을 남겼는가 보여 주는 것도 중요하지만, 얼마나 참된 인간다움을 보였는가를 알려 줄 필요도 있습니다. 여기서 '인간다움'이란 기본적인 선함과 이해심, 남을 위해 봉사할 수 있는 사랑과 배려, 그리고 한 가지 목표를 설정하고 앞으로 나아갈 수 있는 의지와 용기를 말합니다. 성취라는 결과보다는 성취하기 위한 과정을 보여 주고, 사회적인 성공보다는 한 인간으로서 얼마나 자기 자신에게 철저하고 진실했는지를 보여 주는 것이 중요하다는 것입니다.

　하지만 아무리 좋은 가르침도 사랑과 따뜻함이 없으면 억누름과 상처가 될 뿐이겠지요. 「새싹 인물전」은 나의 노력과 의지에 따라 얼마든지 의미 있는 삶을 살 수 있음을 알려 줍니다. 내가 알고 있는 삶 외에도 또 다른 삶이 존재할 수 있다는 것, 꿈을 키우고 이루어 가는 과정에서 배우고 경험하게 되는 것들의 가치, 그런 따뜻함을 담고 있는 위인전입니다. 부디 이 책이 삶의 첫발을 내딛는 아이들에게 좋은 길잡이가 되었으면 하는 바람입니다.

기획 위원

박이문(전 연세대 교수, 철학)
장영희(전 서강대 교수, 영문학)
안광복(중동고 철학 교사, 철학 박사)

● 사진 제공
58, 60, 61쪽(위), 63, 64쪽_ 연합 뉴스. 59, 65쪽_ 중앙일보. 61쪽(아래)_ 두피디아.

글쓴이 **김종광**
1971년 충남 보령에서 태어나 중앙 대학교 문예 창작학과에서 공부했다. 1998년 계간《문학동네》여름호로 등단했다. 2000년《중앙일보》신춘문예에 희곡 「해로가」가 당선되었다. 신동엽 창작상, 제비꽃 서민 소설상, 이호철 통일로 문학상 특별상, 류주현 문학상을 받았다. 지은 책으로는 『박씨 부인전』, 『임진록』, 『처음 연애』, 『착한 대화』, 『조선의 나그네 소년 장복이』 등이 있다.

그린이 **백보현**
홍익 대학교에서 시각 디자인을 공부했고, 현재는 그림책 작가로 활동하고 있다. 그린 책으로 『이순신』, 『고맙습니다』, 『심부름 말』, 『동명왕편』, 『행복한 한국사 초등학교 4』, 『꽃신 찾아 우리 집 한 바퀴』 등이 있다.

새싹 인물전
044
박지원

1판 1쇄 펴냄 2011년 6월 30일   1판 9쇄 펴냄 2020년 5월 22일
2판 1쇄 펴냄 2021년 5월 28일   2판 2쇄 펴냄 2022년 5월 30일

글쓴이 김종광   그린이 백보현
펴낸이 박상희   편집장 전지선   편집 송재형   디자인 박연미, 이유림
펴낸곳 **(주)비룡소**   출판등록 1994.3.17. (제16-849호)
주소 06027 서울시 강남구 도산대로1길 62 강남출판문화센터 4층
전화 영업 02)515-2000   팩스 02)515-2007   편집 02)3443-4318, 9   홈페이지 www.bir.co.kr
제품명 어린이용 각양장 도서   제조자명 **(주)비룡소**   제조국명 대한민국   사용연령 3세 이상

ⓒ 김종광, 백보현, 2011. Printed in Seoul, Korea

ISBN 978-89-491-2924-2 74990
ISBN 978-89-491-2880-1 (세트)

「새싹 인물전」 시리즈

- 001 **최무선** 김종렬 글 이경석 그림
- 002 **안네 프랑크** 해리엇 캐스터 글 헬레나 오웬 그림
- 003 **나운규** 남찬숙 글 유승하 그림
- 004 **마리 퀴리** 캐런 월리스 글 닉 워드 그림
- 005 **유일한** 임사라 글 김홍모·임소희 그림
- 006 **윈스턴 처칠** 해리엇 캐스터 글 린 윌리 그림
- 007 **김홍도** 유타루 글 김홍모 그림
- 008 **토머스 에디슨** 캐런 월리스 글 피터 켄트 그림
- 009 **강감찬** 한정기 글 이홍기 그림
- 010 **마하트마 간디** 에마 피시엘 글 리처드 모건 그림
- 011 **세종 대왕** 김선희 글 한지선 그림
- 012 **클레오파트라** 해리엇 캐스터 글 리처드 모건 그림
- 013 **김구** 김종렬 글 이경석 그림
- 014 **헨리 포드** 피터 켄트 글·그림
- 015 **장보고** 이옥수 글 원혜진 그림
- 016 **모차르트** 해리엇 캐스터 글 피터 켄트 그림
- 017 **선덕 여왕** 남찬숙 글 한지선 그림
- 018 **헬렌 켈러** 해리엇 캐스터 글 닉 워드 그림
- 019 **김정호** 김선희 글 서영아 그림
- 020 **로버트 스콧** 에마 피시엘 글 데이브 맥타가트 그림
- 021 **방정환** 유타루 글 이경석 그림
- 022 **나이팅게일** 에마 피시엘 글 피터 켄트 그림
- 023 **신사임당** 이옥수 글 변영미 그림
- 024 **안데르센** 에마 피시엘 글 닉 워드 그림
- 025 **김만덕** 공지희 글 장차현실 그림
- 026 **셰익스피어** 에마 피시엘 글 마틴 렘프리 그림
- 027 **안중근** 남찬숙 글 곽성화 그림
- 028 **카이사르** 에마 피시엘 글 레슬리 뷔시커 그림
- 029 **백남준** 공지희 글 김수박 그림
- 030 **파스퇴르** 캐런 월리스 글 레슬리 뷔시커 그림
- 031 **유관순** 유은실 글 곽성화 그림
- 032 **알렉산더 벨** 에마 피시엘 글 레슬리 뷔시커 그림
- 033 **윤봉길** 김선희 글 김홍모·임소희 그림
- 034 **루이 브라유** 테사 포터 글 헬레나 오웬 그림
- 035 **정약용** 김은미 글 홍선주 그림
- 036 **제임스 와트** 니컬라 백스터 글 마틴 렘프리 그림
- 037 **장영실** 유타루 글 이경석 그림
- 038 **마틴 루서 킹** 베르나 윌킨스 글 린 윌리 그림
- 039 **허준** 유타루 글 이홍기 그림
- 040 **라이트 형제** 김종렬 글 안희건 그림
- 041 **박에스더** 이은정 글 곽성화 그림
- 042 **주몽** 김종렬 글 김홍모 그림
- 043 **광개토 대왕** 김종광 글 탁영호 그림
- 044 **박지원** 김종렬 글 백보현 그림
- 045 **허난설헌** 김은미 글 유승하 그림
- 046 **링컨** 이명랑 글 오승민 그림
- 047 **정주영** 남경완 글 임소희 그림
- 048 **이호왕** 이영서 글 김홍모 그림
- 049 **어밀리아 에어하트** 조경숙 글 원혜진 그림
- 050 **최은희** 김혜연 글 한지선 그림
- 051 **주시경** 이은정 글 김혜리 그림
- 052 **이태영** 공지희 글 민은정 그림
- 053 **이순신** 김종렬 글 백보현 그림
- 054 **오드리 헵번** 이은정 글 정진희 그림
- 055 **제인 구달** 유은실 글 서영아 그림
- 056 **가브리엘 샤넬** 김선희 글 민은정 그림
- 057 **장 앙리 파브르** 유타루 글 하민석 그림
- 058 **정조 대왕** 김종렬 글 민은정 그림
- 059 **나폴레옹 보나파르트** 남찬숙 글 남궁선하 그림
- 060 **이종욱** 이은정 글 우지현 그림

- 061 **박완서** 유은실 글 이윤희 그림
- 062 **장기려** 유타루 글 정문주 그림
- 063 **김대건** 전현정 글 홍선주 그림
- 064 **권기옥** 강정연 글 오영은 그림
- 065 **왕가리 마타이** 남찬숙 글 윤정미 그림
- 066 **전형필** 김혜연 글 한지선 그림

* 계속 출간됩니다.